INVENTAIRE.
X 23,362
AF296486
Syllabaire.

NOUVEAU
SYLLABAIRE

DESTINÉ

AUX ENFANTS

QUI DOIVENT CONTINUER L'ÉPELLATION,

Par VICTOR CORNU,

ci-devant instituteur primaire à Cornimont.

PREMIÈRE ÉDITION.

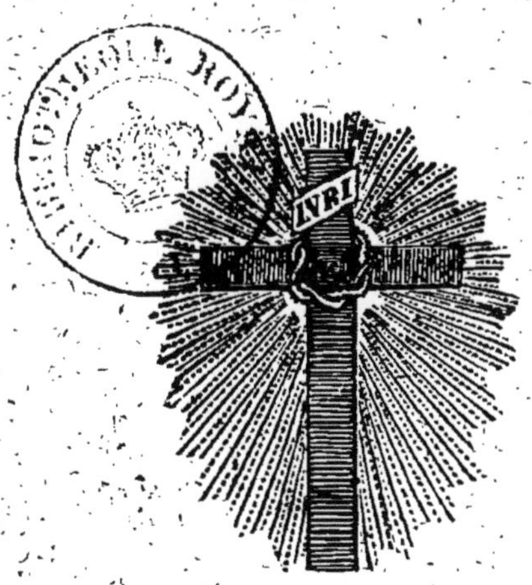

ÉPINAL,

CHEZ THIRION-JOUVE, LIBRAIRE, PLACE DES VSOGES,

ET A RUAUX, CHEZ L'AUTEUR.

1834.

L'auteur de cet ouvrage ayant satis-
fait à toutes les formalités que la loi
lui impose, il déclare être dans l'in-
tention de poursuivre comme contrefac-
teurs tous vendeurs ou distributeurs
d'exemplaires qui ne seraient point
revétus de sa signature.

AVERTISSEMENT.

Ayant fait diverses recherches chez les libraires afin d'avoir de bons livres d'épellation pour mettre entre les mains des enfants, je n'ai pu en trouver aucun. Cependant, voulant leur rendre l'épellation moins épineuse, augmenter leurs progrès et épargner bien du mal à nous, instituteurs, je me suis déterminé à en faire imprimer selon ma méthode, d'après cet excellent livre pour les enfants, intitulé : Maximes chrétiennes pour les jeunes-gens ; livre en usage dans la plupart des écoles, mais très-défectueux pour l'épellation, en ce que n'étant pas un syllabaire, il s'y trouve beaucoup de mots écrits en abrégé, du latin, des citations et autres passages qui sont comme autant de mystères pour ceux qui épellent. Lorsque les élèves ont repassé un syllabaire de trois ou quatre petites pages , ils n'ont pas encore acquis assez de pratique pour épeler sur un livre où les syllabes ne sont pas séparées ; il en faut nécessairement un, au moins de la longueur de celui-ci. Cet ouvrage, d'après l'expérience, conviendra beaucoup aux élèves qui sont à l'épellation ; ils pourront le parcourir dans toute son étendue, sans rien trouver qui soit hors de leur pouvoir pour les arrêter , pourvu qu'ils sachent bien nommer les lettres. Je souhaite qu'il soit de toute l'utilité que j'en attends.

CHAPITRE PREMIER.

Ce n'est ni pour jouir des plaisirs, ni pour amasser des richesses, ni pour acquérir des honneurs, que Dieu nous a mis au monde. Jésus-Christ a méprisé tous les faux biens dès qu'il a paru sur la terre, et nous sentons assez que nous ne sommes pas faits pour une fin si basse. Dieu seul est notre dernière fin, comme il est notre premier principe. Nous ne sommes créés que pour le servir, pour accomplir sa volonté à l'exemple de Jésus-Christ, et pour le posséder éternellement dans le ciel.

Le nom le plus honorable d'un enfant après son baptême, est celui de chrétien. Être un disciple de Jésus-Christ, être enfant de Dieu et de l'église, héritier du royaume éternel, voilà ses titres de noblesse. On pourrait sans conséquence lui faire oublier tous les autres; pour ceux-ci on ne peut trop lui en faire sentir la dignité et les obligations. Pourquoi donc ces titres augustes sont-ils les seuls dont on donne communément si peu d'estime aux enfants? Pourquoi tant de négligence à leur en expliquer les devoirs?

Le premier devoir d'un enfant chrétien,

dès qu'il a l'â ge de rai son, c'est de s'of frir, de se don ner à Dieu, de s'ap pli quer à le con naî tre, de croi re ce qu'il a en sei gné à son E gli se, d'es pé rer en lui, et de l'ai mer de tout son cœur. Les pè res et les mè res, les maî tres et les ca té chis tes ne doi vent pas man quer d'ins trui re les en fants de cet te o bli ga tion, et de leur fai re pro dui re sou- vent des ac tes de ces ver tus.

Un an ge or don na à saint Jo seph d'al ler en E gyp te pour sau ver l'En fant - Jé sus de la fu reur d'Hé ro de. L'en vie qu'a vait ce prin ce cru el de fai re mou rir ce di vin en fant, n'est qu'u ne fai ble fi gu re de ce que fait le dé mon pour en le ver aux en fants la vie pré ci eu se de la gra ce. Cet es prit de té nè bres a ju ré leur per te, et il n'é par gne rien pour en ve- nir à bout. Dès qu'ils ont l'u sa ge de rai son, il leur sus ci te de mau vai ses com pa gnies qui leur ap pren nent le mal, et qui leur don nent du dé goût pour la ver tu. Il em ploie, pour les sé dui re, les ex em ples du mon de, les mau vais ex em ples mê me de leurs pa rents et de leur fa mil le. Pour les per dre plus sû re ment, il se sert con tre eux de leur pro pre fai bles se, de leur i gno ran ce, de leurs pas sions et des au tres im-per fec tions de leur â ge. Qui ne crain dra un en ne mi si for mi da ble ?

Les moy ens de se dé fen dre de ses at ta ques, sont, de fuir les li ber tins, com me Jé sus- Christ fuit ceux qu'Hé ro de en voie pour le fai re mou rir ; de se lais ser con dui re par ceux qui sont char gés de no tre é du ca tion, com me ce di vin en fant, qui, tout-puis sant qu'il est, se lais se me ner en E gyp te, et ra me ner à Na za reth sans la moin dre ré sis tan ce; d'ai mer com me lui la re trai te, le si len ce et la pri è re; de ne point é cou ter les ma xi mes du mon de : ce di vin Sau veur les a con dam nées dès sa nais san ce; en fin de se met tre sous la pro tec tion de la sain te Vier ge et de saint Jo seph. C'est par leurs soins que Jé sus-Christ fut pré ser vé de la fu reur d'Hé ro de; c'est en les in vo quant a vec u ne hum ble con fi an ce, qu'un en fant chré tien é vi te ra les pié ges de l'en ne mi du sa lut.

Plus un en fant chré tien se for ti fie et croît en â ge, plus il doit, à l'ex em ple de l'En fant-Jé sus, re dou bler son at ten tion pour se main te nir et croî tre dans la sa ges se. Il faut qu'il la gar de com me son plus ri che tré sor. La gra ce de son bap tê me lui doit ê tre plus chè re que la vie mê me. Il ne peut con ce voir trop d'hor reur pour le pé ché mor tel, qui le pri ve de la sa ges se et de la gra ce. Pour s'en ga ran tir et pour ê tre vé ri ta ble ment sa ge, il n'a qu'à sui vre la rè gle de vie mar quée ci- a près.

Ceux qui sont char gés du soin des en fants, doi vent les ac cou tu mer à u ne vie ré glée, au tant que leur â ge le per met. L'Es prit-Saint le leur com man de. A vez- vous des en fants, fai tes - leur por ter le joug dès leur en fan ce.

Si vous les flat tez, ils vous cau se ront de gran des fray eurs. L'en fant qui est a ban don né à sa vo lon té cou vri ra sa mère de con fu sion. Cor ri gez vo tre fils, il vous con so le ra, et il de vien dra les dé li ces de vo tre a me. Ré gler chré tien ne ment les en fants, c'est leur ren dre le ser vi ce le plus es sen ti el; c'est leur ap pren dre à vi vre pour Dieu qui a ré glé tous nos mo ments. *Ce lui - là vit pour Dieu*, dit saint Gré goi re de Nys se, *qui vit par rè gle.*

Pen sez à Dieu dès vo tre ré veil, en fants chré tiens, et don nez-lui vo tre cœur; pro non cez et in vo quez les saints noms de Jé sus, de Ma rie et de Jo seph. Le vez - vous promp te ment, et pre nez de l'eau bé ni te, en fai sant sur vous le si gne de la croix. Ha bil lez - vous a vec mo des tie et a vec pu deur, vous sou ve nant de l'a do ra ble mo des tie de Jé sus - Christ.

Aus si tôt que vous se rez ha bil lés, fai tes vo tre pri è re à ge noux, sans vous pres ser, sans ba di ner, mais a vec u ne gran de at ten - tion et un pro fond res pect, pen sant que vous par lez au Maî tre du ciel et de la ter re, et qu'il vous é cou te. Com men cez - la par les ac tes de Foi, de Re mer cî ment, d'Of fran de et de De man de, tels qu'ils sont dans le ca té chis me du di o cè se. Di tes en sui te l'O rai son Do mi ni ca le, la Sa lu ta tion An gé li que et le Sym bo le des A pô tres. Re com man dez - vous à vo tre An ge - Gar dien et à saint Jo seph. Mar quez vo tre dé vo tion en vers Jé sus -

Christ en ré ci tant dé vo te ment les li ta nies qui por tent son nom. Que de grâces ne vous pro cu re rez - vous pas, si vous pri ez ain si tous les ma tins.

Il ne suf fit pas de fai re ré ci ter aux en fants des pri è res en la tin; il faut leur en ap pren dre en fran çais, se lon que leur mé moi re en est ca pa ble.

Lors que les en fants sont pe tits, on doit leur fai re quel que de man de du ca té chis me a près qu'ils ont ré ci té leurs pri è res. Les lais ser dans l'i gno ran ce des pre miè res vé ri tés de la re li gi on, né gli ger de les ins trui re des com man de ments de Dieu et de l'é gli se, c'est dans des pa rents chré tiens u ne fau te sans ex cu se. On est sur tout o bli gé de leur don ner une con nai san ce ex ac te de Jé sus-Christ.

Il est à sou hai ter, en fants, que vous en ten diez la sain te mes se. N'y man quez pas au moins les di man ches et les fê tes; on y est o bli gé ces jours là, sous pei ne de pé ché mor tel. As sis tez - y a vec la mo des tie et la dé vo tion que de man de de vous l'ac tion la plus sain te de la re li gion. C'est Jé sus - Christ qui s'y im mo le d'u ne ma niè re non san glan te; c'est le mê me sa cri fi ce que ce Dieu Sau veur a of fert sur la croix. Quel le in di gni té, si des en fants chré tiens y as sis taient a vec un es prit dis si pé ou a vec un air im mo des te.

Les parents et les maîtres ne sau raient ins pi rer de trop bon ne heu re aux en fans la mo des tie dans l'E gli se. Qu'ils ne les y por tent point quand ils sont trop pe tits. Dès qu'ils peu vent com pren dre, ils doi vent leur don ner u ne gran de i dée de ces saints lieux, les leur fai re con si dé rer com me le pa lais du Roi des rois et la por te du Ciel, leur re com man der de n'y en trer qu'a vec un pro fond res pect, ja mais en cou rant; de pren dre de l'eau - bé ni te, en fai sant dé vo te ment le si gne de la croix, et de s'y te nir à ge noux, un li vre ou un cha pe let à la main. Ils doi vent mê me veil ler sur eux, et pren dre gar de s'ils ne tour nent point la tê te çà et là; s'ils ne s'y a mu sent point à ri re ou à par ler. Ils doi vent en fin les re pren dre sé vè re ment et mê me les cor ri ger lors qu'ils tom bent en fau te sur ce point. N'est-ce pas u ne cho se hon teu se de voir des pè res et des mè res pu nir des en fants pour un man que ment con tre les u sa ges du mon de, et souf frir tran quil le ment leurs ir ré vé ren ces dans le lieu saint ?

En fants, oc cu pez - vous pen dant la jour née à l'ou vra ge qui vous se ra pres crit, et sou ve nez-vous de tra vail ler et de vous oc cu per com me l'En fant - Jé sus. Of frez tou jours à Dieu vo tre tra vail et vos oc cu pa tions, de man dez lui qu'il les bé nis se. Ne les com men cez point sans fai re le si gne de la croix. E vi tez - y l'im pa tien ce, le dé pit, le dé gout, les mur mu res, la pa res se. Si vous ê tes à l'é co le, é cou tez a vec at ten tion les le çons de vos maî tres; li sez, é tu diez, et n'i mi tez pas les en fants é tour dis, né gli gents, qui ne cher chent qu'à s'a mu ser, à ba di ner et à dis trai re les au tres.

Pre nez vos re pas so bre ment et en la pré sen ce de Dieu. Gar dez - vous bien de vous lais ser al ler à la gour man di se. Ne man gez rien en ca chet te, ni hors le temps des re pas. Ces pe ti tes sen su a li tés dé plai sent à Dieu, et peu vent a voir des sui tes très-fu nes tes.

C'est aux pa rents de fai re ob ser ver à leurs en fants ces rè gles de la tem pé ran ce chré tienne. Con ten ter leur sen su a li té, prin ci pa le ment en ce qui re gar de l'u sa ge du vin, c'est leur fai re un grand tort, et se pré pa rer à soi-mê me beau coup de cha grins. Saint Jé rô me re gar dait le vin comme un poi son pour u ne jeu ne per son ne. On ne doit tout au plus leur en per met tre qu'u ne très - pe ti te quan ti té, et tou jours trem pée de beau coup d'eau.

Ne vous ré cré ez qu'a vec des en fants de vo tre se xe; fu yez, com me les en voy és du dé mon, tous ceux qui n'ont pas la crain te de Dieu. Pre nez gar de sur tout de bles ser la pu deur et la mo des tie en quoi que ce soit. Sou ve nez - vous de la pré sen ce de Dieu qui vous voit en tout lieu, et de cel le de vo tre An ge Gar dien qui ne vous quit-te point.

Il est dû de voir des pères et des mères de veiller de près sur la récréation de leurs enfants, afin qu'il ne s'y passe rien que d'honnête : ils sont obligés de leur interdire sévèrement toute fréquentation dangereuse. C'est les exposer à beaucoup de dangers, que de les laisser courir et folâtrer par les rues, ou de leur permettre de sortir de la maison, sur tout le soir, à moins qu'ils ne soient accompagnés de quelque personne raisonnable et vertueuse. La prudence demande qu'ils leur procurent quelques amusements dans la famille. Ce qu'on dit ici pour les enfants en général, est encore d'une plus grande nécessité pour les filles.

Ne manquez pas, s'il est possible, de visiter Jésus-Christ au Saint-Sacrement dans le courant de l'après-dîner ; il se plaît singulièrement à voir les enfants à ses pieds; il les comble de ses faveurs.

Enfin, terminez la journée comme vous l'avez commencée, c'est-à-dire par la prière. Vous aurez soin d'y faire l'examen de votre conscience, pour connaître les fautes dans lesquelles vous serez tombés pendant le jour; vous en demanderez pardon à Dieu par un acte de contrition. Après la prière du soir, déshabillez-vous modestement ; prenez de l'eau bénite, en faisant le signe de la croix sur vous et sur votre lit, et offrez à Dieu le repos que

vous al lez pren dre, ain si que l'En fant -
Jé sus of frait à Dieu son pè re ce lui qu'il
pre nait.

Les   di man ches et les fê tes,   as sis tez
au tant que vous pour rez aux of fi ces de
la pa roisse,   ren dez - vous   ex ac te ment
au ca té chis me;   é cou tez a vec res pect
les vé ri tés sain tes qui vous y sont
en sei gnées, con ser vez - les a vec soin dans
vo tre cœur, et met tez les en pra ti que.
Fai tes ces jours - là plus de pri è res que
les au tres jours, com me cel le du cha pe let;
li sez quel ques li vres de pi é té, ap pre nez
et chan tez des can ti ques spi ri tu els.

Con fes sez - vous de temps en temps , au
moins de trois mois en trois mois, si vous é tes
à gés de huit ou neuf ans, et plus sou vent,
à me su re que vous croî trez en â ge ; mais
ne sui vez pas l'ex em ple de la plu part des
en fants , qui vont au sa cre ment de Pé-
ni ten ce sans dis po si tion.

Les pa rents et les maî tres fe ront sa ge ment
de con dui re de bon ne heu re les en fants à
con fes se , a vant mê me qu'ils aient la rai son
bien for mée, a fin de leur ô ter la crain te et
la hon te que le dé mon pour rait leur
ins pi rer. Mais dès qu'ils sont ca pa bles de
pé cher, il faut, a près leur a voir ap pris à
se con fes ser, les a dres ser de temps à
au tre, à un bon con fes seur.

Ay ez soin cha que an née de cé lé brer
l'an ni ver sai re de vo tre bap tê me.
Con fes sez - vous en ce jour, al lez aux fonts

baptismaux de votre église; là vous remercîrez le Seigneur de la grace de votre baptême; vous vous souviendrez des promesses solennelles que vous y avez faites par la bouche de vos parrain et marraine, et vous les renouvellerez. Si vous avez eu le malheur de transgresser des promesses si saintes, vous en demanderez pardon à Jésus-Christ, et vous le prierez humblement qu'il ne permette pas que vous soyez infidèle à l'avenir.

Célébrez aussi tous les ans la fête de vos saints patrons, honorez-les comme les amis de Dieu, remerciez-les de leur protection, instruisez-vous de leurs vertus, afin de les imiter, et suppliez-les de vous en obtenir la grace.

A l'âge de huit ou neuf ans, disposez-vous au sacrement de confirmation, à moins que votre pasteur ne juge à propos d'attendre que vous soyez plus âgés. Vous avez un grand besoin de ce sacrement, pour vous fortifier et vous affermir dans la grace de votre baptême. On y reçoit le Saint-Esprit avec l'abondance de ses dons précieux. Oh! qu'il importe de s'y bien préparer! Instruisez-vous avec soin de tout ce qui regarde ce sacrement. Gardez-vous bien de vous y présenter en état de péché mortel. On ne le reçoit qu'une seule fois, et les fautes qu'on y commet sont, en quelque façon, irréparables.

Quelques mois avant de vous en ap procher, pri ez vo tre con fes seur de vous ai der à vous pu ri fi er de vos pé chés. Al lez à lui plus sou vent pen dant ce temps - là et soy ez do ci le à ses a vis.

Lors que vous se rez con fir més, re- gar dez - vous com me un sol dat de Jé sus - Christ ; ay ez soin de rem plir les de voirs que cet te qua li té vous im po se, qui sont de com bat tre gé né reu se ment con tre le dé mon, le mon de et la chair, et de ne point rou gir de l'E van gi le, c'est - à - di re de ne point a voir hon te d'en sui vre les ma xi mes, et de vi vre en bon chré tien.

U ne o bli ga tion es sen ti el le des pa rents et des maî tres, c'est de ne rien né gli ger pour con ser ver dans la gra ce du bap tê me leurs en fants et leurs é lè ves : Quel comp te ne ren draient - ils pas au sou ve rain ju ge, si ces â mes in no cen tes ve naient à se per dre par leur fau te ! Com ment sa tis fe ront - ils à un de voir si in dis pen sa ble et si im por tant ? Un des prin ci paux moy ens, c'est de fai re ap pren- dre peu à peu aux en fants ce qui est con te- nu dans ce pre mier cha pi tre ; de le leur ex- pli quer en dé tail, de les en fai re res sou- ve nir de temps en temps, et sur tout d'a voir soin qu'ils le pra ti quent se lon leur â ge et leur por tée.

CHAPITRE II.

Ce n'est pas sans un des sein par ti cu lier que le Saint - Es prit a vou lu nous ap pren dre dans l'É van gi le, que Jé sus vint à l'â ge de douze ans au tem ple de Jé ru sa lem, pour y cé lé brer la Pâ que. Qu'é tait-ce que la Pâ que des juifs, si non u ne fi gu re de la Pâ que des chré tiens, c'est-à-di re de la com mu ni on ? L'a gneau pas chal que les juifs im mo laient a près s'ê tre pu ri fi és, et qu'ils man geaient a vec de mys té ri eu ses cé ré mo nies, é tait le sym bo le du vrai a gneau de Dieu, qui s'im-mo le pour nous sur l'au tel, et qu'on re çoit à la sain te ta ble.

Le jour de Pâ que, que les juifs cé lé-braient a vec tant de so len ni té, n'é tait donc pas un si grand jour que l'est pour un chré tien ce lui de la com mu ni on, et sur tout ce lui de la pre miè re com-mu ni on. Point d'ac ti on plus sain te dans la vie que cel le-là; on y re çoit le Dieu de tou te sain te té. Quel le pré pa ra ti on! quel le pu re té de corps et d'a me n'ex i ge-t-el le donc pas! point d'ac tion plus im por tan te; la fai re in di gne ment, c'est-à-di re en é tat de pé ché mor tel, c'est, se lon l'ex pres sion de saint Paul, se ren dre cou pa ble du corps et du sang de Jé sus-Christ; c'est man ger son ju ge ment et boi re sa con dam na tion; c'est i mi ter Ju das, et s'ex po ser au mê me mal heur. Quoi de plus à crain dre!

L'ex em ple de l'En fant-Jé sus ap prend trois

cho ses aux en fants qui ap pro chent l'â ge de com mu nier. A al ler vo lon tiers à l'é gli se et à s'y te nir a vec u ne gran de mo des tie. A ai mer la pa ro le de Dieu, à res pec ter ceux qui l'an non cent de sa part, s'en ins trui re au près d'eux, et sui vre leurs a vis. A dé si rer ar dem ment de fai re la vo lon té du Pè re cé les te, et de s'é tu dier plus que ja mais à l'ac com plir.

Pre nez la sain te cou tu me de vous le ver dès le ma tin à u ne heu re ré glée. Ne vous ex po sez pas, par vo tre pa res se, à la ten - ta tion du dé mon, et ne soy ez pas à vos pa rents ou à vos maî tres u ne oc ca sion de co lè re et de ju re ments; le vez - vous aus si tôt qu'ils vous ap pel lent ; don nez vo tre cœur à Dieu; mu nis sez - vous du si gne de la croix ; ha bil lez - vous mo- des te ment, en ré ci tant quel ques pri è res, et fai tes vous un de voir de ne ja mais pa raî tre de vant per son ne que vous ne soy ez dé cem ment cou vert.

Vous fe rez en sui te vo tre pri è re du ma tin, com me nous l'a vons dit. Et com me vous a vez at teint un â ge plus ca pa ble de ré fle xion, on ne peut trop vous ex hor ter à y a jou ter u ne pe ti te lec tu re dans un bon li vre com me les Sa ges En tre tiens, les Pensées chré tien nes, l'Ins truc tion de la jeu nes se ; l'I mi ta tion de Jé sus - Christ, sur les quels vous ré flé- chi rez quel ques mo ments pour vous en pé né trer, et pour ex ci ter dans vo tre cœur des sen ti ments con for mes à ce que vous au rez lu ; sen ti ments d'a mour de Dieu, par ex em ple, de dé vo tion en vers Jé sus, de re con nais san ce pour ses bien faits, de hai ne du vi ce, de dé sir de la ver tu, de con tri tion ; puis fai sant quel que pe tit re tour sur vous - mê mes, vous ex a mi ne rez les ver tus qui vous man quent, et ce qu'il y a à ré for mer en vous. Vous pren drez en sui te la ré so lu tion de fuir tel et tel vi ce ; par ex em ple, l'im mo des tie dans l'é gli se, la dé so bé is san ce à vos pa rents, la gour man di se, la pa res se, la va ni té, la co lè re, et au tres ; et de pra ti quer la ver tu op po sée à cha cun de ces vi ces ; la re li gion ; la sou mis sion, la tem pé ran ce, l'a mour du tra vail, l'hu mi li té, la dou ceur. Vous pré voi rez les oc ca sions que vous pour rez a voir dans la jour née d'ex é cu ter vo tre ré so lu tion ; en re mer ci ant le Sei gneur, vous le sup pli rez de vous ai der de sa gra ce. Si vous ê tes fi dè le à cet te sain te pra ti que, vous en res sen ti rez les heu reux ef fets.

On re cóm man de aux pè res, aux mè res, aux maî tres et aux maî tres ses, d'a voir soin que leurs en fants et leurs do mes ti ques s'ac quit tent de leurs de voirs en vers Dieu, a vant de les em ploy er au tra vail.

Chers en fants, ay ez u ne sin gu liè re dé vo tion au très-saint sa cre ment de l'au tel. En ten dez cha que jour la sain te mes se, au-

tant que vous le pour rez ; fai tes - y la com-
mu nion spi ri tu el le lors que le prê tre com-
mu nie ra. El le con sis te dans un dé sir
ar dent de re ce voir Jé sus - Christ, ac -
com pa gnée d'ac tes de foi, d'es pé ran ce et
de cha ri té.

Af fec tion nez - vous au tra vail qui vous con-
vient, et fai tes en sor te que le dé mon ne vous
trou ve ja mais oi sif, mais tra vail lez pour Dieu
et com me Jé sus - Christ.

Ac cou tu mez - vous à é le ver de temps
en temps vo tre cœur à Dieu pen dant le
jour, en vous rap pe lant cer tains sen ti -
ments qui vous au ront tou chés dans vos
ré fle xions du ma tin, ou en pro dui sant
ceux - ci : Mon Dieu et mon tout ; mon Dieu,
je me don ne à vous ! Ou bien : Heu reux ceux
qui vous ai ment de tout leur cœur ; Ou
bien : O mal heu reux mo ments que j'ai
em ployés à vous of fen ser ! Ou bien : Mon
doux Jé sus, quand se ra - ce que j'au rai le bon -
heur de vous re ce voir ? Dis po sez mon cœur à
de ve nir u ne de meu re di gne de vous.
Il est u ne in fi ni té d'au tres ac tes qu'on
peut em ploy er sui vant sa dé vo tion et
ses be soins.

Pre nez quel ques mo ments l'a près - dî ner
pour fai re u ne lec tu re spi ri tuel le. C'est
à cet ex er ci ce de pi é té que plu sieurs
saints sont re de va bles de leur sa lut.

Vous avez deux cho ses à ob ser ver à cet
é gard ;

Le choix des li vres. La ma niè re de li re.

Tous les livres qui paraissent bons, ne le sont pas en effet. Plusieurs, sous de beaux titres, renferment une doctrine très-pernicieuse. A combien de jeunes gens n'ont-ils pas fait perdre les mœurs et la foi ? Outre les livres marqués plus haut, en voici plusieurs que vous pourrez lire avec fruit : Les Obstacles au salut, le Pensez-y-bien, les Remèdes contre le péché, l'Amour de Jésus et les Réflexions chrétiennes, l'Imitation de la sainte Vierge, le Combat spirituel, les Instructions sur les Vérités de la religion, le Guide des pécheurs, l'Introduction à la vie dévote, le Journal et les Vies des Saints, les Histoires saintes de l'Ecriture, sur tout le livre des livres, le nouveau Testament; mais comme les bons livres ne sont pas également bons pour tous, consultez en cela votre directeur, et lisez celui qu'il vous conseillera.

Quant à la manière de faire votre lecture, gardez les règles suivantes : Mettez-vous d'abord en la présence de Dieu, vous persuadant qu'il va vous parler. Demandez-lui un esprit attentif et un cœur docile; n'ayez d'autres vues que de vous instruire et vous édifier. Lisez peu à la fois, posément et attentivement, vous arrêtant quelques moments aux endroits les plus touchants et qui conviennent le plus aux besoins de votre âme. C'est un défaut ordinaire aux jeunes gens de lire à la hâte et par curiosité, sans ré flé chir, sans s'ap pli quer à eux - mê mes ce qu'ils li sent, sou vent sans le com pren dre. In ter rom pez de temps en temps vo tre lec tu re pour a dres ser à Jé sus u ne cour te, mais fer ven te pri è re, et é cou tez ce qu'il vous di ra au fond du cœur. En la fi nis sant, for mez quel ques ré so lu tions con for mes à ce que vous au rez lu ; re mer ci ez le Sei gneur, et de man dez son se cours pour pra ti quer ce qu'il dé si re de vous. En fin, li sez par or dre, et ne quit tez pas sans rai son un bon li vre que vous a vez com men cé.

Sur le soir, fai tes u ne vi si te au saint Sa cre ment dans les sen ti ments de foi, de con fi an ce et d'a mour ; en tre te nez-vous - y dé vo te ment a vec Jé sus - Christ, et n'ou bli ez pas de lui de man der la grâ ce d'u ne bon ne com mu nion. Lors-que vous ne pour rez pas al ler à l'é gli se, a do rez-le en es prit pen dant quel que temps ; pri ez - le in té ri eu re ment, et dé si rez ar dem ment de vous u nir à lui.

Met tez - vous sous la pro tec tion de la sain te Vier ge ; a dres sez - lui tous les jours quel que pri è re par ti cu liè re, a fin qu'el le vous ob-tien ne la grâ ce de vous pré pa rer à re ce voir son cher fils, com me el le se pré pa ra el le-mê me à le por ter pen dant neuf mois dans son chas te sein. In vo quez aus si saint Joseph, vo tre an ge gar dien, vos saints pa trons, et tou te la cour cé les te. Dans u ne af fai re de cet te im por tan ce, vous a vez be soin de gra ce, et vous ne sau riez trop les de man der.

Les di man ches et les fê tes, soy ez as si du aux of fi ces de vo tre pa rois se ; mais por- tez -y u ne mo des tie et u ne dé vo tion qui fas sent con naî tre que vous êtes pé né tré de la pré sen ce de Jé sus - Christ au saint Sa cre ment. Oh ! qu'il est é di fi ant de voir les je u nes gens as sis ter de cet te sor te aux di vins of fi ces.

Les jours de fê tes et au tres, n'en tre- pre nez point de voy a ge de dé vo ti on que dans de sain tes vues ; fai tes - les com me Jé sus - Christ en la com pa gnie de vos pa rents, ou du moins de per son - nes pi eu ses, de mê me se xe, et a vec qui vous n'ay ez rien à crain dre pour vo tre sa lut.

C'est u ne im pru den ce blâ ma ble dans les pa rents et les maî tres, de per met tre à leurs en fants et do mes ti ques, et sur tout à leurs fil les ou ser van tes, cer tains voy a ges dan ge reux, que l'on pal lie du ti tre de dé vo tion, et d'où l'on re vient sou vent char gé de péchés.

Al lez au ca té chis me a vec un saint em- pres se ment ; fai tes vo tre pos si ble pour ê tre ins truits de tou te la doc tri ne chré tien- ne, en par ti cu lier de ce qui re gar de les sa cre ments de Pé ni ten ce et d'Eu cha ris tie.

Con ce vez de vo tre pre miè re com mu nion la plus hau te i dée. Ré flé chis sez sou vent sur la gran deur de cet te ac tion, et di tes - vous à vous - mê mes ce que di sait le saint roi Da vid, lors qu'il pré pa rait les ma té ri aux pour le tem ple du Sei gneur : Oh ! le grand ou vra ge ! ce n'est pas à un fai ble mor tel qu'il s'a git de pré pa rer u ne de meu re, mais à Dieu.

La pré pa ra tion es seu ti el le à la com mu nion, c'est la pu re té de l'a me, c'est de re non cer au pé ché, de se cor ri ger. Sans celle-là tou tes les au tres ne pour - raient suf fi re. N'at ten dez pas à quit ter vos mau vai ses ha bi tu des que vous soy ez sur le point d'al ler à la sain te table ; tra vail lez de bon ne heu re à les dé ra ci ner, a fin d'en ve nir à bout ; con fes sez-vous sou vent l'an née qui pré cè de ra vo tre pre miè re com mu nion, et pri ez vo tre con fes seur de vous ai der à fai re u ne con fes sion gé né ra le. Il est de la der niè re impor tan ce, et sou vent d'u ne né ces si té ab so lue, de fai re alors u ne con fes sion de sa jeu nes se. Fai tes-là avec sin cé ri té, hu mi li té, et dans des sen ti - ments de la con tri tion la plus par fai te. Je vous in vi te à di re tous les jours u ne pri è re, pour ob te nir la gra ce d'u ne di gne com mu nion.

Plus le temps de com mu nier ap pro che ra, plus vous de vez vous ef for cer d'or ner vo tre a me des ver tus chré tien nes. Vous de vez être plus mo des te à l'é glise, plus at ten tif à vos pri è res, plus ap pli qué au tra vail, plus so bre dans vos re pas, plus sou mis à vos pa rents et à vos maî tres, plus com plai sant dans la fa mil le a vec vos frè res et sœurs et a vec les do mes ti ques, plus doux en vers vos com pa gnons, plus hum ble, plus re cueil li, plus chas te. Pra ti quez mê me quel ques mor ti fi ca tions, vi si tez plus sou vent Jé sus-Christ au saint Sa cre ment, et, si vous le pou vez, sou la gez-le dans les pau vres qui sont ses mem bres. Ce pen dant quel ques soins que vous ay ez pris pour vous dis po ser à le re ce voir, croy ez-vous-en tou jours in di gne, et ne com mu niez pas que vo tre pas teur et vo tre con fes seur ne vous en ju gent ca pa ble.

Veil lez sur vous, de peur que le dé mon ne vous em pê che de met tre en pra ti que ce qui vous est i ci re com man dé. Peut-être quel ques com pa gnons li ber tins, quel ques com pa gnes mon dai nes, vou dront-ils vous en dé tour ner, et vous en ga ger dans leurs par ties de plai sirs. Ré pon dez-leur ce que le sa ge Né hé mi as ré pon dait à ceux qui le pres saient d'a ban don ner l'œu vre du Sei gneur pour al ler pren dre part à leurs fes tins. Je suis oc cu pé à un grand ou vrage, je ne puis le quit ter crain te qu'il ne soit né gli gé. En vain fit-on de nou vel les ins tan ces, il don na tou jours la mê me ré pon se, et plus l'on s'ef for ça de le sol li ci ter, de le sur pren dre, de l'in ti mi der même, plus il re dou bla son ap pli ca tion. Quel tré sor de gra ces et de con so la tions ne ver se ra pas sur vous Jé sus-Christ, lors qu'il en tre ra la pre miè re fois dans vo tre cœur; si vous i mi tez ce pi eux

I sra é li te ! Mieux vous se rez pré pa ré, plus il vous com ble ra de ses biens.

On ter mi ne ce cha pi tre en sup pli ant les pa rents et les maî tres de ne rien ou bli er pour que leurs en fants et leurs jeu nes do mes ti ques se pré pa rent à leur pre miè re com mu nion, dès qu'ils sont en â ge de la fai re, dès qu'ils peu vent con naî tre Jé sus-Christ et fai re un jus te dis cer ne ment de son corps et de son sang a do ra ble; qu'ils aient soin de les en voy er au ca té chis me, et de leur en fai re ren dre comp te, de beau coup pri er pour eux; de leur rap pe ler, de temps en temps, l'ex cel len ce et les sui tes de l'ac tion à la quel le ils se dis po sent; de les ex hor ter à se bien con fes ser, et à o bé ir en tout à leur con fes seur; en fin de ne les lais ser com mu nier qu'a vec l'a gré ment de leur pas teur.

CHAPITRE III.

Un des pre miers soins des jeu nes gens qui ont fait leur pre miè re com mu nion, c'est de se re ti rer, com me Jé sus-Christ, dans le sein de leur fa mil le, et de fer mer leurs cœurs aux a mu se ments et aux va ni tés du siè cle, de peur que la con ta gion du mon de ne leur fas se per dre la gra ce qu'ils ont re çue.

La plu part des pa rents s'i ma gi nent qu'il faut pro dui re de bon ne heu re les jeu nes gens dans le mon de et dans les com pa gnies du mon de, a fin de leur en ap pren dre les ma niè res, et de les ren dre pro pres à la so ci é té. Jé sus - Christ leur don ne un ex em ple tout con trai re. Qui est - ce qui se trom pe, Jé sus - Christ ou le mon de ?

Com ment u ne jeu ne per son ne qui n'ai me pas la re trai te, se con ser ve ra - t - el le dans la grâ ce ? Com ment ré sis te ra - t - el le au dé mon qui veut, à quel prix que ce soit, en trer dans son cœur ? Com ment ré sis te ra - t - elle au mon de qui lui pré sen te par tout des oc ca sions et des pié ges sé dui sants ? Com ment ré sis te ra - t - el le à ses pro pres pas sions, que le feu de la jeu nes se rend tous les jours plus vi ves.

Ma rie ay ant trou vé son cher Fils, il ne la quit te plus ; fai tes en de mê me, jeu nes gens, mar chez fi dè le ment sur les pas de Jé sus - Christ, et ne le per dez ja mais de vue.

Tou te la jeu nes se de Jé sus - Christ fut u ne o bé is san ce con ti nu el le à Ma rie et à Jo seph. L'o bé is san ce n'est donc pas seu le ment la ver tu des pe tits en fants. Dans un â ge plus a van cé, on doit tou jours se sou ve nir que la sou mis sion à nos pa rents est un de voir que la loi de Dieu nous com man de, et que la na tu re mê me nous ins pi re.

L'o bé is san ce est la seu le ver tu par ti cu liè re que l'E van gi le nous ap pren ne de la jeu nes se de Jé sus - Christ. Le ca rac tè rè pro pre des jeu nes gens, c'est la sou mis sion.

U ne jeu ne per son ne qui re fu se d'o bé ir, est un mons tre qui ne mé ri te pas de vi vre.

Jé sus - Christ s'est as su jet ti, dès l'â ge le plus ten dre, à u ne vie pé ni ble, pour ap pren dre aux jeu nes gens à fuir l'oi si ve té qui leur est in fi ni ment per ni ci eu se. El le leur fait per dre le temps le plus pré ci eux de la vie et le plus ir ré pa ra ble ; el le les met hors d'é tat de rem plir, dans la sui te, les em plois aux quels la pro vi den ce les des ti ne ; el le les jet te dans un a bî me de maux : en faut-il da van ta ge pour leur ins pi rer u ne sain te hor reur de ce vi ce.

Mal heur sur tout aux jeu nes é tu diants qui per dent leur temps au lieu de s'a van cer dans la scien ce! Quel tort ne font-ils pas à leurs pa rents, qui sou vent s'in com mo dent et s'é pui sent pour les fai re é tu dier! Quel tort ne font-ils pas à l'E gli se et à l'E tat, qu'ils se ren dent in ca pa bles de ser vir! Quel tort en fin à eux-mê mes, par le ris que qu'ils cou rent d'ê tre i gno rants tou te leur vie, de per dre leur é ta blis se ment, leur bon heur, leur sa lut?

Il faut que les jeu nes gens s'ef for cent de croî tre cha que jour en sa ges se, et de se for ti fi er dans la gra ce, à l'ex em ple de Jé sus - Christ; sans ce la ils ne la con ser ve ront pas long-temps. U ne ter re qu'on ne cul ti ve pas est bien tôt en fri che; u ne plan te qu'on né gli ge d'ar ro ser et de fai re croî tre est bien tôt des sé chée. Nos pas sions crois sent et se for ti fient d'el les-mê mes : si l'on ne tra vail le pas con ti nu el le ment à les ex tir per, el les é touf fent peu à peu les ver tus.

Les pas sions or di nai res de la jeu nes se sont l'or gueil, la pré somp tion, l'es prit de dé so bé is san ce et l'in dé pen dan ce, l'en vie de voir et d'ê tre vu, l'a mour du plai sir, la gour man di se, l'oi si ve té, la co lè re, la dis si pa tion, l'in dé vo tion, et sur tout la pas sion con trai re à la sain te ver tu de pu re té. Voi là les prin ci paux vi ces que les jeu nes gens doi vent sans ces se s'ap pli quer à dé trui re en eux. Les moy ens d'y ré us sir sont l'as si dui té à la pri è re et au tra vail, la fui te des mau vai ses com pa gnies et des au tres oc ca sions de pé ché, la sanc ti fi ca tion des jours de fê tes, la fré quen ta tion des Sa cre ments, de fré quen tes é lé va tions à Dieu pen dant la jour née, le sou ve nir ha bi tu el de sa di vi ne pré sen ce et des qua tre fins der niè res, la lec tu re jour na liè re d'un li vre de pi é té, la dé vo tion à la sain te Vier ge, la con ver sa tion a vec les gens de bien, l'ex a men de con scien ce tous les soirs, en fin l'ex er ci ce fré quent des ver tus con trai res aux vi ces aux quels on est su jet, prin ci pa le ment de l'hu mi li té, de la dou ceur, de la chas te té.

Lors que vous au rez eu le bon heur de com mu nier, vous de vez vous re gar der com me con sa cré à Jé sus-Christ d'u ne ma niè re tou te par ti cu liè re. Vos yeux, qui ont vu la sain te Hos tie, ne doi vent plus s'ou vrir sur les ob jets dan ge reux. Vo tre lan gue, sur la quel le el le a re po sé, ne doit plus pro non cer de ju re ments, ni au cu ne pa ro le per ni ci eu se ou i nu ti le. Vo tre corps, qui l'a ren fer mée com me un ta ber na cle vi vant, doit être en tiè re ment é loi gné de tout ce qui pour rait le souil ler. En fin, vous a vez é té com me chan gé en Jé sus-Christ; tous vos mem bres sont de ve nus, en quel que fa çon, les mem bres de Jé sus-Christ. O se riez-vous les pro fa ner en les fai sant ser vir au pé ché?

Pour le ré gle ment de vo tre jour née, ob ser vez tout ce que nous a vons dit ci-de vant du le ver, de la pri è re du ma tin, ac com pa gnée de quel ques ré fle xions, de la sain te mes se. Ne dor mez qu'au tant qu'il est be soin pour ré pa rer vos for ces; l'ex cès dans le som meil est nui si ble au corps et à l'es prit. Crai gnez beau coup la per te de temps. Tout ce que vous fe rez, fai tes-le pour Dieu. Tout ce qui n'est pas pour Dieu est per du pour le Ciel.

Un dé sor dre qu'on de vrait dé plo rer a vec des lar mes de sang, c'est l'em ploi hon teux que tant de jeu nes gens, de l'un et de l'au tre se xe, font de leur temps. Le lit, la toi let te, la ta ble, le jeu, les spec ta cles, les vi si tes, les pro me na des, les di ver tis se ments, voi là pres que tou tes leurs oc cu pa tions, et à quoi se pas se tout le temps le plus pré ci eux de leur vie. Grand Dieu! sont-ce là les chré tiens qui, dans leur bap tê me, ont re non cé au mon de et au dé mon, qui ont pris Jé sus-Christ pour leur mo dè le et leur chef, qui sont o bli gés de vi vre de sa vie? quel comp te ter ri ble n'au ront-ils pas à ren dre de tant de temps per du? n'i mi tez point ces in sen sés, si vous ne vou lez

pas vous per dre com me eux. Fuy ez leur com‑
pa gnie, et fai tes voir, par vo tre vie oc cu pée
et ré glée, que vous a vez hor reur de leur
con dui te.

Au com men ce ment de vo tre tra vail et
de vos prin ci pa les ac tions, for mez tou‑
jours dé vo te ment le si gne de la croix. Il
ren fer me trois actes. Un acte de foi des prin‑
ci paux mys tè res de no tre Re li gion. Un
ac te d'of fran de de ce que l'on va fai re. Un
ac te d'in vo ca tion pour ob te nir la gra ce de
le fai re chré tien ne ment.

Ne vous oc cu pez ja mais à rien de mau vais,
à rien qui puis se être à vo tre pro chain, ou
à vous - mê me, u ne oc ca sion de pé ché. En
tra vail lant a vec d'au tres, on fait sou vent
bien des fau tes con tre la cha ri té, la chas‑
te té ou d'au tres ver tus. Gar dez-vous bien
de tom ber dans de pa reils dé fauts; de tou tes
les pei nes de vo tre tra vail, vous ne re ti re‑
riez que la dam na tion é ter nel le.

C'est pour les pa rents et pour les maî tres
u ne o bli ga tion in dis pen sa ble, d'em pê cher
que leurs en fants, leurs do mes ti ques et leurs
ou vri ers ne chan tent en tra vail lant des
chau sons obs cè nes, ne di sent des pa ro les
li bres et à dou ble sens, ne s'en tre tien nent
des dé fauts du pro chain. Leur si len ce en ce
point les rend res pon sa bles des fau tes de
leurs in fé ri eurs.

Sanc ti fi ez vo tre ou vra ge par le
sou ve nir fré quent de la pré sen ce de
Dieu, dans le sein du quel vous res pi rez,

qui est té moin de vos pei nes, et qui vous en ré com pen se ra, si vous ê tes en sa gra ce, et si vous souf frez pour lui. Rap pe lez - vous sou vent Jé sus tra vail lant à Na za reth a vec ses pa rents jus qu'à l'â ge de tren te ans; u nis sez-vous à lui.

Si vo tre tra vail vous le per met, chan tez de temps en temps quel ques can ti ques spi ri tu els, des hym nes de l'E gli se, ou quel qu' au tre cho se de l'Of fi ce di vin. C'est ain si que les chré tiens des pre miers siè cles as sai son naient leurs tra vaux et en a dou cis saient les ri gueurs. Voi ci com me en par le saint Jé rô me, qui vi vait dans ces pre miers temps : Le la bou reur, dit-il, te nant sa char rue, et le vi gne ron en taillant sa vi gne , chan tent les lou an ges du Très-Haut; le mois son neur ne se dé las se que par le chant des psau mes; ce sont-là, a jou te-t-il, les chan sons de nos pro vin ces et les airs de nos ber gers. Temps heu reux, ne re vien drez-vous ja mais ?

Si vous ê tes é tu diants, ne cher chez point à ac qué rir u ne vai ne ré pu ta tion, qui se rait peut-être la sour ce de vo tre per te. Le but de vos é tu des doit ê tre de con naî tre et d'ai mer le Sei gneur, de vous dis po ser, en ap pre nant ces scien ces, à rem plir les des seins qu'il a sur vous et d'o bé ir à vos pa rents.

Ne com men cez pas vo tre é tu de sans vous a dres ser à Jé sus-Christ , no tre u ni que maî tre. In ter rom pez-la sou vent pour lui é le ver vo tre cœur; il vous don ne ra plus de lumière et d'intelligence que tous les hommes ne vous en pourraient donner. D'ailleurs, de quoi vous servirait la science qui enfle, si vous n'aviez, en même temps, la crainte de Dieu et la charité qui édifient ?

Ayez autant à cœur de sanctifier vos repas que votre travail ; ils sont une occasion à bien des péchés, contre lesquels vous devez être en garde. N'entrez à table que dans la vue de prendre des forces pour servir le Seigneur, et non pour contenter votre appétit ; car, dit saint Paul, soit que vous mangiez, soit que vous buviez, faites tout pour la gloire de Dieu. C'est le propre des animaux sans raison de manger pour le plaisir de manger.

Vous êtes chrétiens, prenez vos repas en chrétiens, comme Jésus-Christ prenait les siens avec Marie et Joseph. Oh ! le beau spectacle que la modestie qu'il gardait à table ; par combien d'actes intérieurs de vertus ne relevait-il pas la bassesse de cette action, à laquelle il a voulu s'assujettir pour être en tout notre modèle ? A son exemple bénissez toujours ce que vous prendrez. Ne mangez pas avec trop d'empressement, contentez-vous de ce qu'on vous donnera, et ne vous plaignez pas, quoi qu'il ne soit pas à votre goût. Ne passez jamais les bornes de la tempérance chrétienne, ne donnez rien à la sensualité, et craignez le vin. Hélas ! les passions de la jeunesse se sont déjà assez vives, sans les fortifier encore par les excès

du boi re et du man ger. Quels ra va ges éton-
nants ne cau sent pas dans les jeu nes gens les
ex cès de bou che, sur tout ceux du vin. Ce
sont là, au sen ti ment de saint Jé rô me,
les pre miè res ar mes dont le dé mon se sert
pour les per dre. Pen dant que vous nour ris-
sez vo tre corps, ay ez en co re plus de soin
de nour rir vo tre a me par de sain tes pen sées,
de cour tes as pi ra tions vers le ciel, par des
dis cours u ti les et é di fiants. Ac cou tu mez-
vous de bon ne heu re à vous mor ti fi er de
quel que cho se dans cha cun de vos re pas.
C'est par ces pe ti tes mor ti fi ca tions que les
saints ont com men cé, et qu'ils ont mé ri té
les fa veurs du ciel. A près le re pas ne
man quez ja mais de re mer ci er le Sei gneur
de la nour ri tu re qu'il vous a don née, et
de lui de man der la gra ce d'en u ser pour
sa gloi re.

Les ré cré a tions ne de man dent pas moins
de pré cau tions que les re pas. Leur ob jet doit
ê tre in no cent. Com ment pour riez-vous fai re
vo tre plai sir de ce qui dé plait à Dieu, et
qui peut vous dam ner? A mu sez - vous dans
la fa mil le a vec des jeu nes gens de bon nes
mœurs. Point de ba di na ges in dé cents, point
de fa mi lia ri tés ni de jeux de mains a vec
les per son nes qui ne sont pas de vo tre se xe.
E vi tez a vec un soin ex trê me, les lieux sus-
pects, les spec ta cles, les bals, les dan ses, les
veil lées et les as sem blées noc tur nes de per-
son nes de se xe dif fé rent. Com bien de jeu nes
gens s'y sont per dus!

2*

Si vous jou ez, que ce soit à un jeu honnê te, et ja mais à des jeux de ha sard, ja mais
à des jeux dé fen dus, ja mais a vec des li ber-
tins, des ju reurs et des em por tés. N'ex po sez
point au jeu trop d'ar gent, é vi tez - y le men-
son ge, la trom pe rie, la co lè re, les ju re ments,
les dis pu tes. En un mot, pre nez tou tes vos
pré cau tions dans le Sei gneur, pen sant qu'il
est pré sent et qu'il a les yeux sur vous.

Pour la ma niè re de se ré cré er, fai tes - le
tou jours a vec mo dé ra tion. Des ré cré a tions
trop lon gues ne sont pas in no cen tes; n'y
don nez ja mais le temps que vous de vez em-
ploy er à vos oc cu pa tions. Ne les pre nez
point par at ta che, et dans la vue de vous
sa tis fai re, mais u ni que ment pour ê tre en
é tat de tra vail ler et de ser vir le Sei gneur.

Il est de la der niè re con sé quen ce d'é-
loi gner de bon ne heu re les jeu nes gens de
tout di ver tis se ment dan ge reux. Si l'on
at tend trop tard, il est à crain dre que leur
in do ci li té crois sant a vec l'â ge, les pa rents
n'en soient pas les maî tres. Com bien de pè res
et de mè res gé mis sent à pré sent pour a voir
né gli gé cet a vis !

Pour les vi si tes n'en fai tes qu'au tant que
la cha ri té, la né ces si té ou la bien sé an ce
l'ex i ge ront, tou jours en vue de Dieu, et dans
la pen sée qu'il nous de man de ra comp te
d'u ne seu le pa ro le i nu ti le. Ban nis sez - en
tou tes pa ro les li bres et à dou ble sens, la
mé di san ce, les rail le ries, la mon da ni té, les
rap ports in dis crets, la flat te rie, la gros siè-

re té ; en un mot tout ce qui pour rait of fen-
ser le Sei gneur et bles ser vo tre pro chaiu.
Que vos en tre tiens soient chas tes, mo des tes,
é di fi ants ; qu'ils soient as sai son nés du sel de
la sa ges se, de ma niè re que vous par liez à
cha cun com me il leur con vient.

Au tant vous de vez a voir d'é loi gne ment
pour les vi si tes du mon de, au tant de vez -
vous a voir d'em pres se ment pour vi si ter
no tre Sei gneur. N'y man quez pas un seul
jour, au tant que vous le pour rez. Si ce que
vous de vez à vos pa rents ou à vos maî tres
ne vous per met pas d'y al ler les jours de
tra vail, al lez - y au moins les di man ches et
les fê tes. Jé sus - Christ est jour et nuit sur
nos au tels, n'est-il pas jus te d'al ler lui
ren dre nos de voirs ? Il y est pour nous
com bler de ses fa veurs ; n'est - ce pas
né gli ger nos plus chers in té réts, de
re fu ser d'al ler à lui ?

Ne vous re là chez point dans la pra ti que
de la lec tu re spi ri tu el le, et ob ser vez tout
ce que nous en a vons dé jà dit. Il se rait très-
à-pro pos qu'el le se fît le soir dans la fa mil le.

Vous fe rez pru dem ment de vous te nir a près
le sou per en la com pa gnie de vos pa rents ou
de vos maî tres, ou de quel qu'au tre per son ne
sa ge. Tan dis que Jé sus-Christ fut à Na za reth,
il res ta a vec Ma rie et Jo seph. On ne le vit
ja mais par la vil le fai re un seul pas i nu ti le-
ment. Ja mais il ne fit en ten dre l'é clat de sa
voix dans les pla ces pu bli ques. Ja mais il ne
don na, à qui ce fût, au cun su jet de mé con-

ten te ment. Ren fer mé dans la mai son de saint Jo seph, son pè re nour ri cier, il n'en sor tait que par o bé is san ce, et il y re tour nait au plus tôt. Tou jours tran quil le, tou jours pai sible, il ne se mon tra nul le part cha grin ni em por té. C'est le por trait qu'en a fait le Pro phè te I sa ïe, et a près lui saint Ma thieu.

Que pen ser a près ce la de ces jeu nes gens qui ai ment à cou rir la nuit, qui font re tentir l'air de leurs cla meurs, qui, par leurs hu ées, leurs dis pu tes, leurs chan sons peu honnê tes, trou blent le re pos du pu blic, et scan da li sent les fi dè les. Que pen ser de ceux qui pas sent u ne par tie des nuits dans les ca ba rets et au tres lieux de dé bau che, qui se plai sent dans les veil lées et à la com pa gnie des jeu nes li ber tins ? Ne dés ho no rent-ils pas le nom de chrétien, par u ne con dui te op po sée à cel le de Jé sus - Christ leur chef et leur mo dè le?

Dans la pri è re du soir n'ou bli ez pas l'ex a men de con scien ce. Re pas sez dans vo tre es prit les fau tes que vous a vez fai tes de puis vo tre ré veil, tout ce qu'il y a eu de dé ré glé dans vos pen sées et dans vos dé sirs, dans vos pa ro les et dans vos ac tions, tout le bien que vous de vez fai re, et que vous a vez o mis, ou que vous a vez fait a vec négli gen ce; tout le mal que vous n'a vez -pas em pê ché, lors que vous le de viez; ce lui dont vous a vez été la cau se. De man dez-en en sui té par don à Dieu par un ac te de con tri tion, et pre nez des me su res pour vous cor ri ger.

Sur tout ne vous en dor mez ja mais a vec un pé ché mor tel sur la con scien ce. Hé las ! vous ne pou vez pas comp ter sur un seul ins tant de vie. Quel mal heur, si vous al liez mou rir du rant la nuit ! vous vous ré veil le riez dans l'en fer.

C'est un u sa ge très - pi eux et très - u ti le de fai re la pri è re du soir en com mun ; on ne peut trop re com man der aux chefs de fa mil le de l'é ta blir chez eux. La pri è re en com mun, est, pour l'or di nai re, plus fer-ven te, a cau se du bon ex em ple qu'on se don ne mu tu el le ment ; cet te u nion de pri è-res est aus si plus puis san te au près de Dieu, et el le at ti re sa bé né dic tion sur les fa-mil les.

A près la pri è re, dés ha bil lez - vous a vec u ne gran de mo des tie, je tez de l'eau bé ni te sur vo tre lit, le re gar dant com me la fi gu re du tom beau où vous se rez un jour en se ve li. Of frez à Dieu le re pos que vous al lez pren-dre, ain si que Jé sus - Christ of frait à son pè re ce lui qu'il pre nait, et sup pli ez - le de veil ler sur vous pen dant la nuit, et de vous pré ser ver de tout. En dor mez - vous, en fin, dans quel ques sain tes pen sées. Si le dé mon vous ten te pen dant la nuit, ré sis tez - lui d'a-bord et re cou rez à Jé sus - Christ.

Si tous les jours de vo tre vie doi vent ê tre saints, à plus for te rai son les di man ches et les fê tes qui sont des jours spé ci a le ment con sa crés au Sei gneur. Ne les re gar dez pas com me des jours de di ver tis se ments, de prome na des et de dé bau ches. Er reur dam na ble, et ce pen dant très - com mu ne ! Re dou blez a lors vo tre dé vo tion, as sis tez aux of fi ces de vo tre pa rois se, à la con gré ga tion, con fé ren ce, à vê pres ; mul ti pli ez vos pri è res, vos lec tu res et vos au tres ex er ci ces de pi é té.

Ai mez à en ten dre la pa ro le de Dieu. Il est é ton nant que les jeu nes gens, é tant ceux qui en ont le plus be soin, soient pour l'ordi nai re ceux qui s'en sou cient le moins. Conti nu ez d'as sis ter au ca té chis me, et ne vous i ma gi nez pas ê tre en droit de vous en absen ter a près vo tre pre miè re com mu nion. Il vous est né ces sai re pour y ap pren dre en co re beau coup de cho ses im por tan tes que vous ne sa vez pas, pour con ser ver le souve nir de ce que vous sa vez dé jà, pour le mieux com pren dre, et pour y fai re de plus sé ri eu ses ré fle xions. Jé sus ne pou vait rien ap pren dre des doc teurs de la loi ; ce pen dant il s'a dres se à eux com me à ses maî tres, et il les é cou te a vec res pect. A près cet ex emple, com ment des jeu nes gens, qui ne sa vent leur re li gi on qu'im par fai te ment, au raient-ils hon te d'as sis ter au ca té chis me ?

Ins trui sez - vous des in ten tions de l'E gli se, dans l'ins ti tu tion des dif fé ren tes fê tes qu'el le so len ni se du rant le cours de l'an née, soit en l'hon neur de no tre Sei gneur, soit à la gloi re de la sain te Vier ge ou des Saints, et cé lé brez - les se lon ses vues.

Tous les jeu dis, ren dez gra ce à Jé sus Christ de l'ins ti tu tion du très - saint Sa cre -

ment de l'au tel, et ra ni mez vo tre dé vo-
tion en vers cet au gus te mys tè re.

Le ven dre di, pra ti quez quel que mor ti-
fi ca tion, pour ho no rer la pas sion du Sau-
veur.

Le sa me di, ré ci tez quel ques pri è res
à l'hon neur de la sain te Vier ge, et pra ti-
quez quel ques bon nes œu vres, pour vous
ren dre di gne de sa pro tec tion. Vous l'ho-
no re rez si vous vous en rô lez dans la con-
fré rie du Sca pu lai re et dans cel le du Ro-
sai re; mais a vant d'y en trer, fai tes-vous-
en ins trui re. On n'y prend au cun en ga-
ge ment qui o bli ge sous pei ne de pé ché;
el les pro cu rent de grands a van ta ges à
ceux qui en rem plis sent fi dè le ment les règles. Ay ez tou jours pour cet te sain te mè re
u ne sin gu liè re dé vo tion. Un vrai ser vi-
teur de Ma rie, dit saint Ber nard, ne pé ri-
ra ja mais.

Ne pas sez ja mais le mois sans vous con-
fes ser. C'est u ne pra ti que bien lou a ble
dans les jeu nes gens, a près leur pre miè re
-com mu nion, de se con fes ser de quin ze en
quin ze jours, ou de trois se mai nes en trois
se mai nes. Le choix d'un bon con fes seur est
pour vous de la der niè re con sé quen ce. Si
à cet â ge cri ti que vous n'a vez pas un bon
gui de, vous vous é ga re rez, vous vous per-
drez. De man dez-le donc ins tam ment à Dieu,
et lors que vous l'au rez trou vé, ne le quit tez
point; ou vrez-lui vo tre cœur, sui vez ex ac-

te ment ses a vis, et com mu niez lors qu'il le
ju ge ra à pro pos.

Le prin ci pe du dé ré gle ment de la jeunes se, c'est l'a ban don des Sa cre ments. Ceux
qui s'en ap pro chent sou vent a vec de bon nes
dis po si tions, se sou tien nent dans la gra ce;
le Sei gneur les com ble de ses fa veurs; ils
font l'é di fi ca tion de leur pa rois se, la con-
so la tion de leur fa mil le et la gloi re de la
re li gion.

Pro po séz - vous cha que mois d'ac qué rir
quel que ver tu par ti cu liè re, et de fuir le
vi ce qui lui est con trai re; c'est un moy en
ex cel lent pour ar ri ver à la per fec tion. Ef-
for cez - vous sur tout de dé trui re vo tre pas-
sion do mi nan te, pas sion la plus dan ge-
reu se, qui de man de le plus de vi gi lan ce
et le plus de com bats? Qui vous la fe ra bien
con naî tre? Vo tre con fes seur.

Ou tre l'an ni ver sai re de vo tre bap tê me,
com me nous l'a vons mar qué ci - des sus,
cé lé brez aus si ce lui de vo tre pre miè re
com mu nion. N'est - il pas jus te de
rap pe ler cha que an née le sou ve nir de
ce jour heu reux au quel vous re çû tes
Jé sus - Christ pour la pre miè re fois?
En trez a lors dans de grands sen ti ments
de re con nais san ce et d'a mour en vers le
di vin Sau veur. Ex a mi nez si vous a vez
été fi dè le aux pro mes ses que vous lui
fî tes lors que vous eû tes le bon heur de le
re ce voir.

Fai tes u ne re vue des con fes sions de l'an née sui van te, et com mu niez si on vous le con seil le.

Ce n'est pas as sez pour les pa rents d'a voir pris soin de leurs en fants à l'â ge le plus ten dre jus qu'à leur pre miè re com mu nion. Dès qu'il ont com mu nié, leur at ten tion doit re dou bler pour en tre te nir en eux la gra ce, et les y af fer mir. Beau coup de jeu nes gens per dent cet te gra ce pré ci eu se. Plu sieurs se li vrent à leurs pas sions vers l'â ge de quator ze, de sei ze, de dix-huit, de vingt ans. Com bien n'en voit-on pas de ve nir le dés hon neur de leur fa mil le, et l'op pro bre de no tre sain te re li gion ? Cher chons-en les cau ses. U ne des prin ci pa les, c'est la né gli gen ce des pè res et des mè res, à sou te nir leurs en fants dans les sen ti ments que Dieu leur a vait ins pi rés au temps de leur pre miè re com mu nion. Con tents de les voir s'oc cu per au tra vail qu'ils leur pres cri vent, ou se dis tin guer dans quel que pro fes sion du siè cle, ils se met tent peu en pei ne de les con dui re par les ma xi mes sain tes qu'on leur a en sei gnées, et de leur fai re ob ser ver les rè gles d'u ne vie chré tien ne ; sou vent mê me, ils leur mon trent des ex em ples per ni ci eux. Faut-il s'é ton ner si tant de jeu nes gens vi vent dans le dé sor dre, s'ils sont pour leurs pa rents u ne croix des plus ac ca blan tes ? Oh ! com bien de pè res et de mè res se ront dam nés pour a voir né gli gé l'é du ca tion de leurs en fants ! Com bien d'en fants

mau di ront en en fer ceux qui les au ront a-
ban don nés à eux-mê mes dans leur jeu nes se!
Com bien qui se ront dans l'é ter ni té les
bour reaux les plus cruels de ceux qui leur au-
ront don né la vie !

Pen dant le Ca rê me, les Qua tre-Temps et
les Vi gi les, tâ chez de vous pri ver de quelque cho se dans vos re pas. Quoi que l'E gli se
ne vous o bli ge pas en co re au jeû ne, la
mor ti fi ca tion vous est ce pen dant dé jà né-
ces sai re, soit pour ex pi er vos fau tes pas-
sées, soit pour vous pré cau tion ner pour l'a-
ve nir.

En a van çant en â ge, ef for cez-vous d'a-
van cer en ver tu, aus si bien que dans les
con nais san ces que de man de l'é tat au quel
Dieu vous des ti ne. Te nez-vous en gar de
con tre les pié ges que les en ne mis du sa lut
vous ten dront de tou tes parts. Ne vous fi ez
pas sur vo tre chas te té pas sée ; il ne faut
qu'u ne oc ca sion dan ge reu se pour vous
per dre.

Vous de vez com men cer de bon ne heu re
à pen ser à vo tre vo ca tion, la de man der
à Dieu pen dant long-temps , vous en
ren dre di gnes par u ne vie sain te, et ê tre
dans la dis po si tion à la sui vre, lors qu'il
vous la fe ra con naî tre.

CHAPITRE IV.

Rien n'est plus né ces sai re aux jeu nes gens qui pen sent à choi sir un é tat de vie, que de sui vre la vo ca tion de Dieu. Point d'ac tion qui ait de plus gran des sui tes pour cet te vie et pour l'au tre, que le choix d'un é tat. La gra ce de la vo ca tion est, en quel que sor te, u ni ver sel le; u ne in fi ni té d'au tres y sont at ta chées. Quel mal heur, si l'on se rend in di gne de la re ce voir!

Pour sui vre la vo ca tion de Dieu dans le choix d'un é tat, il y a bien des pré cau tions à pren dre. On les trou ve dans la con dui te de Jé sus - Christ.

On doit d'a bord pu ri fi er son a me dans le sa cre ment de pé ni ten ce. Mé ri te-t-on les lu miè res et les gra ces du sei gneur, si l'on ne veut pas se re con ci lier a vec lui? Il faut a voir re cours à un con fes seur zé lé et pru dent, qui nous ai de à fai re un bon choix. Com ment ré us si rons-nous dans u ne af fai re si dif fi ci le sans le se cours d'un bon gui de?

Ce n'est pas dans la dis si pa tion et les com pa gnies mon dai nes; mais dans le re cueil le ment et la re trai te qu'on con naît sa vo ca tion. C'est là où Dieu se plaît à s'en tre te nir a vec nous, où il é cou te nos pri è res, et où nous en ten dons sa voix. Un cœur dis si pé et qui ne prie pas, n'est pas pro pre aux ins pi ra tions du Saint Es prit. C'est com me un che min cou vert et bat tu; le grain qu'on y jet te est bien tôt en le vé par les oi seaux de ciel, ou fou lé aux pieds des pas sants.

Un des plus grands obs ta cles au bon choix d'un é tat de vie, c'est l'im mor ti fi ca tion. Nos pas sions nous a veu glent, nous sé dui sent et nous font pren dre sou vent l'il lu sion et l'er reur pour la voix de Dieu. Com ment les domp ter? com ment ne s'en pas lais ser sur pren dre sans le se cours de la mor ti fi ca tion? L'hom me sen su el, dit saint Paul, ne con nait pas les cho ses qui sont se lon l'es prit de Dieu. Le Sau veur, par le jeû ne ri gou reux qu'il pra ti que a vant d'en trer dans l'ex er ci ce pu blic de sa vo ca tion, nous ap prend qu'il faut ê tre mor ti fi é pour con naî tre, pour sui vre et pour rem plir la vo- ca tion di vi ne.

Le Sau veur qui per met à Sa tan de le ten ter, nous fait con naî tre que tou te no tre vie est en but te à la ten ta tion. Or s'il n'est point de temps dans la vie où le dé mon ne nous ten de des pié ges, nous lais se ra-t-il tran quil les quand il s'a gi ra de choi sir un é tat? Non, sans dou te, nous de vons nous at ten dre à sou te nir de ru des com bats; mais nous a vons dans la ma niè re dont Jé sus-Christ ré sis ta au dé mon, des ar mes pour ré sis ter à cet es prit de té nè bres, et pour le vain cre.

Jé sus-Christ, ten té par trois fois, re pous se tou jours la ten ta tion par des sen ten ces de la Sain te E cri tu re. La pa ro le de Dieu est u ne ar mu re cé les te à l'é preu ve de tous les traits de l'en ne mi. Il faut, par l'as si - dui té à en ten dre les ins truc tions chré tien- nes, par la lec tu re des li vres de pi é té, par des mé di ta tions sé ri eu ses, se rem plir des vé ri tés de la Foi, et se les rap pe ler lors qu'on est ten té.

Jé sus - Christ s'op po se au dé mon, qui le ten te de chan ger des pier res en pain pour sou la ger sa faim. Si le dé mon nous por te à en trer dans un é tat pour y vi vre plus à no tre ai se, et pour y me ner u ne vie dou ce et com mo de, il faut lui ré pon dre que ce n'est pas dans cet te vue qu'on doit choi sir un é tat, mais dans la vue de plai re à Dieu; et que si nous avons soin de le ser vir, il au ra soin de nous don ner ce qui est né ces sai re à la vie, et ne nous a ban don ne ra pas.

Jé sus - Christ s'op po se pour la deu xiè me fois au dé mon, qui lui sug gè re de se pré- ci pi ter du haut du Tem ple, pour fai re con- naî tre qu'il est le fils de Dieu. Lors que le dé mon nous ins pi re ra des pen sées d'é lé va- tion et de gran deur, et que, nous a veu glant par u ne fol le pré somp tion, il vou dra nous per su a der d'em bras ser un é tat pour le quel nous n'a vons pas les ta lents et les qua li tés con ve na bles, nous de vons lui ré pon dre qu'il ne faut pas ten ter le Sei gneur, et s'ex- po ser té mé rai re ment à se per dre en s'en ga geant dans un é tat dont on n'est pas ca pa ble; et que c'est ten ter Dieu et l'of fen ser, que de comp ter sur des se cours qu'il ne nous a pas pro mis.

Le dé mon ten te Jé sus-Christ pour la troi siè me fois et lui pro met tous les roy au mes du mon de, s'il veut l'a do rer. Jé sus-Christ lui ré pond : Vous a do re rez le Sei gneur vo tre Dieu, et vous le ser vi rez lui seul. Ce pè re du men son ge ne man que ja mais de fai re es pé rer aux jeu nes gens des ri ches ses a bon dan tes dans les pro jets qu'ils for ment d'un é ta blis se ment. Sur cet te es pé ran ce, il leur pro po se d'as pi rer à des em plois aux quels Dieu ne les ap pel le point, et d'y par ve nir par le cré dit, la sol li ci ta tion des a mis, et par d'au tres voies il lé gi ti mes ou si mo ni a ques. Il faut a lors lui ré pon dre a vec cou ra ge que c'est Dieu seul qu'il faut ser vir, que c'est à lui à nous pla cer dans un é tat, qu'on est tou jours as sez ri che quand on a sa crain te, et quand on pos sè de sa gra ce; et qu'il vaut mieux per dre tous les biens du mon de que de les ac qué rir par la per te de son sa lut.

Ceux qui se sen tent ap pe lés au mi nis tè re é van gé li que, doi vent ê tre en gar de con tre u ne cer tai ne ac ti vi té na tu rel le, qui, les ti rant trop tôt de la re trai te, les ex po se rait à se per dre. Il faut tra vail ler long-temps pour soi a vant de pen ser à tra vail ler pour les au tres, et se fai re un fonds de scien ce et de ver tu, a fin de ré pon dre en sui te de sa plé ni tu de a vec suc cès.

Point de temps pour la jeu nes se où il im por te plus de me ner u ne vie ré glée et chré tien ne, que ce lui où on dé li bè re sur le choix d'un é tat. Sui vez a lors plus ex ac te ment que ja mais ce qui a été i ci pres crit aux jeu nes gens qui ont fait leur pre miè re com mu nion. Soy ez fi dè le à sanc ti fi er les pré mi ces de cha que jour. Le vez-vous dès le ma tin, et a près vo tre pri è re or di nai re, ré flé chis sez en la pré sen ce de Dieu sur quel ques vé ri tés de la Foi, par ex em ple, sur le su jet de la lec tu re du soir pré cé dent. Re pré sen tez-vous Jé sus-Christ tan tôt à Na za reth ou au dé sert, tan tôt en quel qu'au tre de ses mys tè res, sur tout dans sa dou lou reu se pas sion. A do rez-le com me vo tre maî tre, et vo tre mo dè le, et ex ci tez-vous à l'i mi ter. Rem plis sez-vous sou vent et pé né trez-vous bien de la con si dé ra tion des fins der niè res de l'hom me, la Mort, le Ju ge ment, l'En fer et le Pa ra dis. Quel chan ge ment n'o pé re rait pas dans la jeu nes se le sou ve nir jour na lier de ces gran des vé ri tés ! leur ou bli est cau se que la plu part se li vrent au pé ché.

Pour vous fa ci li ter ce saint ex er ci ce, pre nez en main ce pe tit li vre, ou quel qu'au tre sem bla ble, fai tes-vous-en l'ap pli ca tion ; lais sez-vous al ler aux mou ve ments que le Saint-Es prit pro dui ra dans vo tre cœur ; ne man quez pas de for mer quel ques ré so lu tions dé tail lées, qui ai dent à vous cor ri ger de quel que dé faut par ti cu lier, sur tout de vo tre vi ce do mi nant, et à pra ti quer quel que ac te de ver tu spé ci a le, et ce la dès le jour mê me. Ceux qui ne sa vent pas li re, se rap pel le ront ce qu'ils au ront en ten du dans les ins truc tions, et ils é cou te ront ce que le Saint-Es prit leur di ra au fond du cœur. On peut fai re ces ré fle xions pen dant la mes se, ou dans son o ra toi re, ou le pre mier quart-d'heu re de son tra vail.

Si vous ê tes as sez heu reux pour vous for mer u ne sain te ha bi tu de de l'o rai son, si vous fai tes sou vent des ré fle xions sa lu tai res, soy ez sûr que vous vous dis po sez par fai te ment à l'é tat au quel Dieu vous ap pel le. Sans el le, vous cou rez ris que de vous é ga rer.

Ob ser vez a vec u ne nou vel le at ten tion ce qui a é té mar qué plus haut pour la sanc ti fi ca tion du tra vail, du re pas, des con ver sa tions. Ai mez à pen ser à Dieu qui pen se sans ces se à vous. N'ou bli ez pas de le fai re au moins à cha que heu re du jour. Plu sieurs di sent a lors la Sa lu ta tion An gé li que; n'ay ez pas hon te de cet te sain te pra ti que.

E tes-vous maî tre de vo tre temps, ne man quez au cun jour sans ren dre vos de voirs à Jé sus-Christ dans l'a près-mi di. Li sez aus si cha que jour un li vre de pi é té du rant u ne de mi-heu re ou un bon quart-d'heu re.

E vi tez a vec plus de soin que ja mais les cour ses noc tur nes, les lieux sus pects, les

ca ba rets, la fré quen ta tion des li ber tins.
Jé sus - Christ se re ti re au dé sert, quoi qu'il
n'eût rien à crain dre du mon de. Vous qui
a vez tout à crain dre, ai mez à res ter chez
vous sur tout le soir; les veil lées hors de la
mai son sont u ne sour ce de cri mes. Combien de jeu nes gens s'y per dent tous les jours
mal heu reu se ment!

Se per su a der qu'u ne jeu nes se a van cée
ou un é ta blis se ment qu'on pro jet te au to-
ri se ces veil lées té né breu ses, c'est u ne
il lu sion du dé mon.

Les pè res et les mè res, les maî tres et les
maî tres ses sont o bli gés d'in ter di re ab so-
lu ment ces veil lées noc tur nes à leurs en fants
et à leurs do mes ti ques; ils doi vent u ser
pour ce la de l'au to ri té que Dieu leur a don-
née. Mal heur aux chefs de fa mil le qui ne
les em pê chent pas au tant qu'ils le peu vent!
Mais dou ble ment mal heur à ceux qui ou-
vrent leurs mai sons aux jeu nes gens du rant
la nuit!

Fi nis sez la jour née par la pri è re, ac-
com pa gnée de l'ex a men de con scien ce.
Al lez pren dre vo tre re pos dans des vues
sain tes, et en dor mez-vous dans le Sei gneur,
mu ni de quel ques bon nes pen sées. Sou ve-
nez-vous que Jé sus - Christ a é té cou ché
très-pau vre ment du rant tou te sa jeu nes se;
que pen dant les qua ran te nuits qu'il pas sa
dans le dé sert, il n'eut pour lit que la ter re
et qu'il est mort sur u ne croix.

Si, du rant la nuit, le dé mon s'ap pro che

pour vous ten ter, ré sis tez-lui d'a bord; met tez-le en fui te par le si gne de la croix; re cou rez à Jé sus et à Ma rie : O Jé sus! a ma teur de la chas te té, ve nez à mon se- cours : O Ma rie! la plus pu re des Vier ges, pri ez pour moi. Si la ten ta tion con ti nue, des cen dez en es prit dans l'en fer, où u ne in fi ni té de jeu nes gens sont cou chés sur des bra siers ar dents pour s'ê tre li vrés au pé ché à la fa veur des té nè bres.

Soy ez plus sur vos gar des les jours de Fê tes que le res te de la se mai ne; les oc- ca sions de pé chés sont a lors pour l'or di- naire plus fré quen tes. Fuy ez tout ce qui est con trai re à la sain te té de ces jours, sin gu- liè re ment les ca ba rets, les ex cès de ta ble, les dan ses, les spec ta cles, les jeux de ha sard. Soy ez as si du à la Mes se de pa rois se et aux au tres of fi ces di vins, ne vous ab sen tez pas de la con gré ga tion ou de la con fé ren- ce sans rai son lé gi ti me; et, lors que vous se rez o bli gé de gar der la mai son ou le bé- tail, oc cu pez-vous sain te ment; pri ez, li sez, chan tez quel ques can ti ques spi ri tu els.

Dès que vous se rez ar ri vé à l'â ge de vingt- un ans com plets, vous de vez ob ser ver les jeû nes pres crits par l'É gli se, ceux du ca- rê me; des qua tre-Temps et des Vi gi les, à moins qu'un tra vail pé ni ble ou la fai bles se de vo tre san té ne vous en dis pen se : en cas de dou te, con sul tez vo tre con fes seur. Com bien de chré tiens se flat tent en ce qui re gar de le jeû ne!

A ces rè gles gé né ra les, nous a jou te rons
quel ques a vis sur vo tre vo ca tion.

AVIS SUR LA VOCATION.

Gar dez-vous bien d'em bras ser un é tat
sans a voir pris au pa ra vant tou tes les pré-
cau tions né ces sai res pour ju ger pru dem-
ment que Dieu vous y ap pel le. Choi sir un
é tat sans con sul ter le Sei gneur, c'est cou rir
à sa per te. De man dez-lui donc cha que jour
par de fer ven tes pri è res, qu'il vous fas se
con naî tre sa vo lon té, qu'il vous don ne le
cou ra ge de la sui vre. Pra ti quez aus si tous
les jours quel ques bon nes œu vres, quel ques
mor ti fi ca tions, pour mé ri ter cet te gra ce,
et crai gnez sur tou tes cho ses de vous en
ren dre in di gne par le pé ché.

Que vo tre dé vo tion en vers la sain te
Vier ge crois se a vec vo tre â ge. Plus vous
a van cez vers le temps de choi sir un é tat,
plus vous a vez be soin de sa pro tec tion.
A dres sez-vous aus si à saint Jo seph, à vo tre
an ge-Gar dien, à vos saints Pa trons. Sup-
pli-ez tous les saints qu'ils vous ob tien nent
la gra ce de fai re un bon choix.

Soy ez ex trê me ment at ten tif aux ins pi-
ra tions et aux bons mou ve ments que Dieu
vous don ne ra sur vo tre vo ca tion, sur tout
dans le temps de la com mu nion et de la
pri è re. Re cueil lez-les a vec soin, com mu-
ni quez-les à vo tre con fes seur, sup pli ez-le

de vous ai der de ses con seils, a fin de ne pas pren dre les il lu sions du dé mon pour les mou ve ments de la gra ce. Il est très-dif fi ci le, sur tout à u ne jeu ne per son ne, d'en fai re le dis cer ne ment. Cet en ne mi ru sé se chan ge sou vent en An ge de lu miè re pour per su a der aux jeu nes gens de choi sir un é tat qui ne leur con vient pas, pour les per dre à coup sûr. Com bien n'en a-t-il pas trom pés de la sor te? A vec le se cours d'un Con fes seur pru dent, vous é vi te rez ce mal heur. Al lez donc à lui a vec con fi an ce; fai tes-lui con naî tre ce qu'il y a en vous de bon ou de mau vais; et sui vez ses a vis a vec do ci li té. On se re pent tôt ou tard d'a voir pris un é tat sans un bon con seil.

Con sul tez-vous aus si vous-mê me. Ex a mi nez sé ri eu se ment vos bon nes et vos mau vai ses qua li tés, vos pen chants et vos ré pu gnan ces. Vo yez en sui te dans les dif fé rents é tats qui par ta gent le mon de, ce lui où vous au rez plus de moy ens de ser vir Dieu, et moins d'obs ta cles à vo tre sa lut.

A fin de ne pas vous trom per dans cet ex a men, ap por tez-y u ne in dif fé ren ce en tiè re pour tou tes sor tes d'é tats, a vec la dis po si tion de choi sir ce lui au quel vous ju ge rez pru dem ment que Dieu vous ap pel le. Si, par des vues hu mai nes, vous vous lais sez pré ve nir pour un é tat, vo tre es prit se ra bien tôt du pe de vo tre cœur, vous croi rez à per ce voir en vous tou tes les qua li tés qu'il exi ge, quoi que peut - ê tre vous n'en ay ez au cu ne. Tel qui a les pas sions vi ves et im mor ti fi ées, qui n'ai me ni la pri è re ni l'é tu de, se per su a de d'ê tre ap pe lé à l'é tat ec clé si as ti que. D'où vient ce la ? C'est qu'il est por té à cet é tat par l'ap pât d'u ne vie com mo de et ai sée, par l'es pé ran ce d'un bé né fi ce. Tel au tre, qui n'a ni la pro bi té ni les lu miè res que de man de un em ploi, u ne char ge, s'i ma gi ne y ê tre des ti né. Pour quoi ? par ce que l'am bi tion, qui lui fait dé si rer cet é tat, l'a veu gle et lui fait croi re qu'il y est pro pre. Quand le cœur est ga gné, l'es prit est bien tôt sé duit ; et un es prit sé duit est un très - mau vais ju ge ; les plus fai bles ap pa ren ces suf fi sent pour le dé ter mi ner ; au dé faut de rai sons vé ri ta bles, il s'en fait d'i ma gi nai res qui le jet tent dans l'er eur.

Il n'ap par tient qu'au Sei gneur d'as si gner à cha que hom me un é tat de vie, et les pa rents n'ont pas droit de dis po ser de la vo ca tion de leurs en fants ; ils ne peu vent s'en ren dre les maî tres ab so lus sans ou tra ger Dieu, et sans com met tre à l'é gard de leurs en fants u ne in jus ti ce cri an te. A quels maux ne les ex po se raient - ils pas, et com bien ne s'en pré pa re raient - ils pas à eux - mê mes ? Qu'ils se gar dent bien de les en ga ger, con tre leur in cli na tion, en quel que é tat que ce soit, sur tout à l'é tat ec - clé si as ti que ou à la pro fes sion re li gieu se ; mais aus si ils ne peu vent les dé tour ner de se con sa crer au Sei gneur dans le Cler gé ou dans la Re li gion, s'ils re con nais sent en eux les mar ques d'u ne vraie vo ca tion. Le de voir des pè res et des mè res en ce point im por tant, est d'ex a mi ner si leurs en fants choi sis sent l'é tat de vie qui leur con vient se lon Dieu, et de les ai der à y en trer.

Quand vous au rez con nu l'é tat au quel Dieu vous ap pel le, ex er cez-vous à la pra ti que des ver tus qui lui sont pro pres. Par là vous vous dis po se rez à y en trer, et vous ac quier rez u ne gran de fa ci li té pour en rem plir les de voirs.

Si vous croy ez que Dieu vous ap pel le à l'é tat ec clé si as ti que, pré pa rez-vous-y par u ne gran de pu re té de corps et d'a me, par un zè le ar dent pour la gloi re de Dieu, un grand dé sir de ser vir l'E gli se, et un pro fond res pect pour les cho ses sain tes, et u ne é tu de sé ri eu se de la phi lo so phie et de la thé o lo gie.

As pi rez-vous à l'é tat re li gieux, ac cou tu mez-vous de bon ne heu re à fuir les oc ca sions pé ril leu ses et les com pa gnies du mon de, à vain cre vos in cli na tions et vo tre hu meur; à fai re la vo lon té des au tres, à mor ti fi er vo tre corps; à vous dé ta cher de vos pa rents et de tou tes les cré a tu res.

Si vous voy ez que le Sei gneur vous veut dans l'é tat du ma ri a ge, n'y ap por tez que des in ten tions pu res et sain tes. Ne par lez pas à u ne per son ne en vue du

ma ri a ge, sans l'a gré ment de son pè re et
de sa mè re. Que vos en tre tiens a vec el le
ne soient ni trop fré quents ni trop longs; jamais dans les lieux sus pects, ni à des heu res
in dues, ni seul à seu le; point de fa mi lia-
ri tés in dé cen tes, point de li ber tés peu
chas tes. Quel le er reur de s'i ma gi ner que
le pré tex te d'un ma ri a ge fu tur au to ri se
ce que la loi de Dieu dé fend! Est-ce donc
par le li ber ti na ge qu'on se dis po se à un
sa cre ment qui doit ê tre re çu en é tat de
gra ce? Peut-on at ti rer par là les bé né dic-
tions du ciel sur son ma ri a ge? A quoi doit-
on at tri bu er les maux qui sem blent fon dre
sur plu si eurs fa mil les où l'on voit les é poux
di vi sés, les en fants re bel les, et qui sont
com me un en fer an ti ci pé? à la pro fa na-
tion du sa cre ment de ma ri a ge. On s'y est
dis po sé par le cri me; on l'a re çu en é tat
de pé ché, et par des mo tifs ter res tres et
char nels; on y vit dans le cha grin et dans
un pro fond dé sor dre; on y meurt sou vent
dans l'im pé ni ten ce.

Quel que temps a vant de vous en ga ger
dans un é tat, fai tes une re trai te de quelques jours, où, loin du tu mul te et des em-
bar ras du mon de, vous vous ap pli quiez
u ni que ment à la gran de af fai re de vo tre
sa lut. Em ploy ez ce temps pré ci eux en
pri è res, mé di ta tions, lec tu res pi eu ses,
vi si tes au saint Sa cre ment, et au tres ex-
er ci ces de pi é té. Al lez sou vent au sa cré
Tri bu nal de la pé ni ten ce pour vous pu-

ri fi er de vos fau tes, et pren dre les con seils de ce lui qui vous di ri ge. N'ou bli ez pas sur tout de fai re u ne con fes sion gé né ra le, ou du moins u ne re vue de puis vo tre pre miè re com mu nion. Cet a vis est d'u ne très gran de im por tan ce.

Voi là les ma xi mes et les rè gles gé né ra les, pri ses de la sain te jeu nes se de Jésus-Christ, qui ont pa ru les plus pro pres à ren dre tous les jeu nes gens de vrais chré tiens, de fi dè les i mi ta teurs de leur di vin chef. Il en est en co re des par ti cu liè res qui con vien nent à cha cun d'eux, eu é gard à leur ca rac tè re, à leur se xe, à leur san té, à leur con di tion, aux cir cons tan ces de leur fa mil le, et à l'é tat qu'ils veu lent em bras ser. Nous n'en tre rons pas dans ce dé tail qui mè ne rait trop loin. C'est aux mi nis tres de la pé ni ten ce qui les di ri gent dans le Tri bu nal, de les leur pro po ser, et de ne rien né gli ger pour qu'ils s'y con for ment. Ce pen dant nous ne pou vons nous dis pen ser, en fi nis sant, d'a ver tir les jeu nes gens qui as pi rent au mi nis tè re des au tels, de l'o bli ga tion où ils sont d'i mi ter Jé sus-Christ dans sa sain te jeu nes se, et de pra ti quer com me lui ses ma xi mes a vant de les en sei gner. Ils au ront soin de de man der à leur con fes seur des a vis par ti cu liers, pour se pré pa rer aux fonc tions sa crées, et prin ci pa le ment à of frir le grand sa cri fi ce de la sain te mes se. Plai se au Ciel qu'ils gra vent pro fon dé ment dans leur mé moi re, et

qu'ils se res sou vien nent cha que jour de ces
bel les pa ro les de saint Jé rô me à un jeu-
ne hom me nom mé Rus ti que, qui as pi rait
à la di gni té du Sa cer do ce. Les Clercs
sont saints, lui é cri vait ce saint Doc teur :
vi vez si sain te ment que vous mé ri tiez d'ê tre
é le vé à la Clé ri ca tu re. Ne souil lez vo tre
jeu nes se d'au cu ne ta che de pé ché, a fin
que vous mon tiez à l'Au tel de Jé sus-Christ
a vec vo tre vir gi ni té.

FIN.

ÉPINAL, IMPRIMERIE DE PAGUIER.

AUTRES OUVRAGES

DU SIEUR CORNU.

PETIT SYLLABAIRE, contenant l'alphabet, à l'usage des enfants qui se destinent à fréquenter les écoles ; première édition. — in-18 ;

PRIX : 15 centimes.

NOUVEAUX EXERCICES DE LECTURE, à l'usage des enfants qui sont en état de quitter les syllabaires ; première édition. — in-12.

PRIX : 30 centimes.